글 문이재

문이재(文以齋)는 '글의 집'이라는 뜻으로 '文以貫道(문이관도)'에서 나온 말이에요.
창작그룹 문이재는 시인과 소설가, 동화작가, 문학평론가가 모여
청소년의 독서와 글쓰기, 창의적 사고력 증진을 위한 각종 프로그램 개발에 힘쓰고 있어요.
또한 집단 창작과 강연, 출판 등을 통해 다양한 연구 성과를 교육에 적용하고 있어요.

본문에 반복해서 나오는 작은 천사들은 아테나의 지혜를 뜻하는 아기 수호천사와 사랑을 상징하는 아프로디테의 아들 에로스예요. 이 책에는 독자 여러분께 전하고 싶은 수호천사들의 지혜와 에로스의 사랑을 모두 합쳐 엄마 아빠의 마음을 듬뿍 담았어요. 이 세상에서 무지와 폭력을 몰아내려면 지혜와 사랑이 힘을 모아야 한다는 것을 우리는 너무나 잘 알고 있으니까요.

기원전 27년 로마를 새롭게 통일하고 팍스로마나를 선포한 아우구스투스 황제는 제우스의 독수리를 로마 제국의 문장으로 만들어 로마가 그리스 문명의 후계자임을 온 세계에 알렸습니다. 그리스 신화는 로마로 계승 발전되어 더욱 풍요로워졌고 마침내 서양은 그리스 로마 신화라는 헬레니즘 문명으로 정신적 통일을 이루었습니다.

명화로 보는 그리스 로마 신화
아프로디테

펴낸날 2020년 1월 31일
글 문이재
펴낸이 김은정 **펴낸곳** 봄이아트북스 **디자인** choidesignstudio
출판등록 제2019-000142호 **주소** 경기도 파주시 재두루미길 70 페레그린빌딩 308호
전화 070-8800-0156 **팩스** 031-935-0156
ISBN 979-11-90494-23-6 74900

©2020 BOMIARTBOOKS
· 잘못 만들어진 책은 구입처에서 교환해 드립니다.
· 다칠 우려가 있으니 책을 던지거나 떨어뜨리지 않도록 주의해 주십시오.

· 이 책에 나오는 이름, 지명, 명화 제목 등은 어린이들이 읽기 쉽게 가장 널리 알려진 용어로 그리스어, 로마어, 영어 등을 함께 사용하였습니다.

명화로 보는 그리스 로마 신화

아프로디테
Aphrodite

영원한 미의 여신

글 문이재

아프로디테
Aphrodite

아프로디테는 아름다움과 사랑을 주관하는 여신이에요.
그녀가 태어나는 모습을 신전에서 지켜보던 제우스는
'물거품에서 태어난 여인'이라고 중얼거렸다고 해요.
그래서 아프로디테라는 이름으로 불리게 되었지요.
아름다움의 여신 아프로디테는 태어날 때부터 무척 예뻤어요.
올림포스 신들은 물론 세상의 모든 동식물들이 깜짝 놀랄 만큼이나요.
신들의 제왕 제우스는 아프로디테를 영접하려고
전령의 신 헤르메스를 보내려고 했어요.
하지만 아프로디테의 외모를 보고서는 마음을 바꿀 수밖에 없었대요.
남성이 사자로 가면 문제가 생길 것 같았던 거예요.
그래서 음악을 다스리는 뮤즈에게 영접을 맡겼답니다.

세상에서 가장 아름다운 여신 아프로디테는
지중해 동남쪽 키프로스섬 근처에서 태어났어요.
아프로디테가 모습을 드러낸 순간,
구름도 파도도 요정도 할 말을 잃고 말았대요.
상상할 수조차 없을 정도로 아름다웠기 때문이에요.

산드로 보티첼리가 그린 〈아프로디테의 탄생〉 1484년

알렉상드르 카바넬이 그린 〈아프로디테의 탄생〉 1863년

아프로디테 탄생에 관해서는 여러 이야기가 있어요.
우라노스와 크로노스는 아버지와 아들 사이인데
어느 날 크로노스가 낫으로 우라노스를 해치고 말았대요.

낫에 잘린 우라노스의 몸 일부가 바다에 떨어졌고
지중해를 떠돌다가 거품을 만들었는데
그 거품에서 아프로디테가 태어났다고 해요.

또 다르게 전해지는 이야기도 있어요.
신들의 아버지 제우스가 여신 디오네와 사랑을 나누어
아프로디테가 태어났다고도 해요.

에두아르 슈타인브뤼크가 그린 〈아프로디테의 탄생〉 1846년

윌리앙 아돌프 부그로가 그린 〈아프로디테의 탄생〉 1879년

아름다운 봄 풍경에 아프로디테가 서 있어요.
아프로디테 옆으로 춤을 추는 미의 여신들과
구름을 걷어내는 헤르메스가 보여요.

서쪽 바람의 신 제피로스는 따뜻한 서풍으로 봄을 알리고 꽃의 신 클로리스가 수많은 꽃이 활짝 피게 했지만, 아프로디테의 아름다움 앞에서는 평범한 들풀에 지나지 않았어요.

산드로 보티첼리가 그린 〈프리마베라, 봄〉 1482년

아프로디테는 대장간 신 헤파이스토스와 결혼했어요.
헤파이스토스는 절름발이에 못생긴 외모로 유명했지요.
가장 아름다운 여신과 가장 못생긴 신의 결혼,
이들의 결혼에는 그럴 만한 사정이 있었어요.
거인족 타이탄이 올림포스의 신들에게 도전해 왔을 때,
제우스는 타이탄과의 전쟁에서 활약한 자에게
아프로디테와 결혼시켜 주겠다고 약속했지요.
헤파이스토스는 천둥과 번개를 제우스에게 바쳤고,
제우스는 타이탄과의 싸움에서 이길 수 있었어요.
그렇게 헤파이스토스는 아프로디테의 남편이 될 수 있었지요.

디에고 벨라스케스가 그린 〈거울 속의 아프로디테〉 1644년

프랑수아 부셰가 그린 〈헤파이스토스와 아프로디테〉 1732년

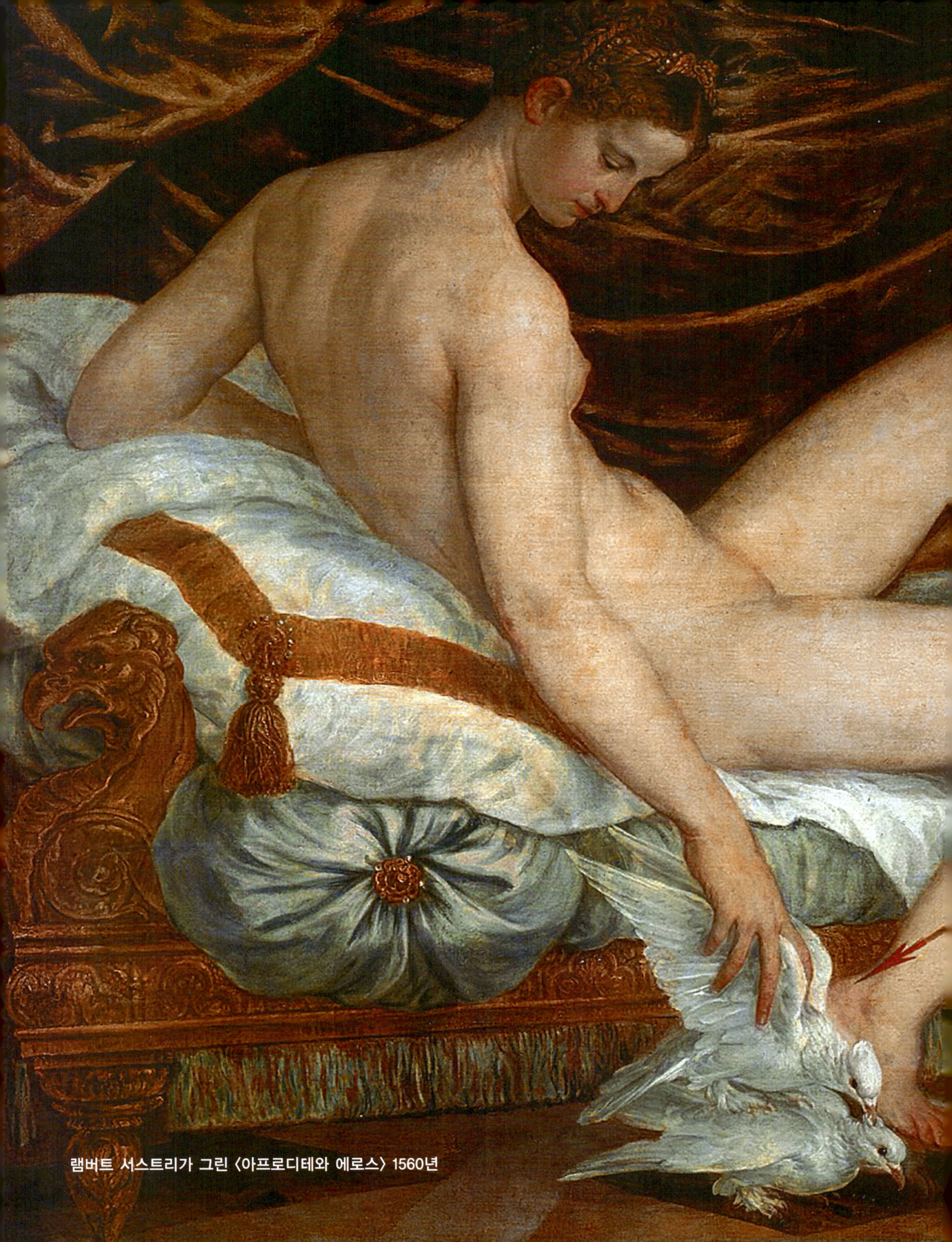

램버트 서스트리가 그린 〈아프로디테와 에로스〉 1560년

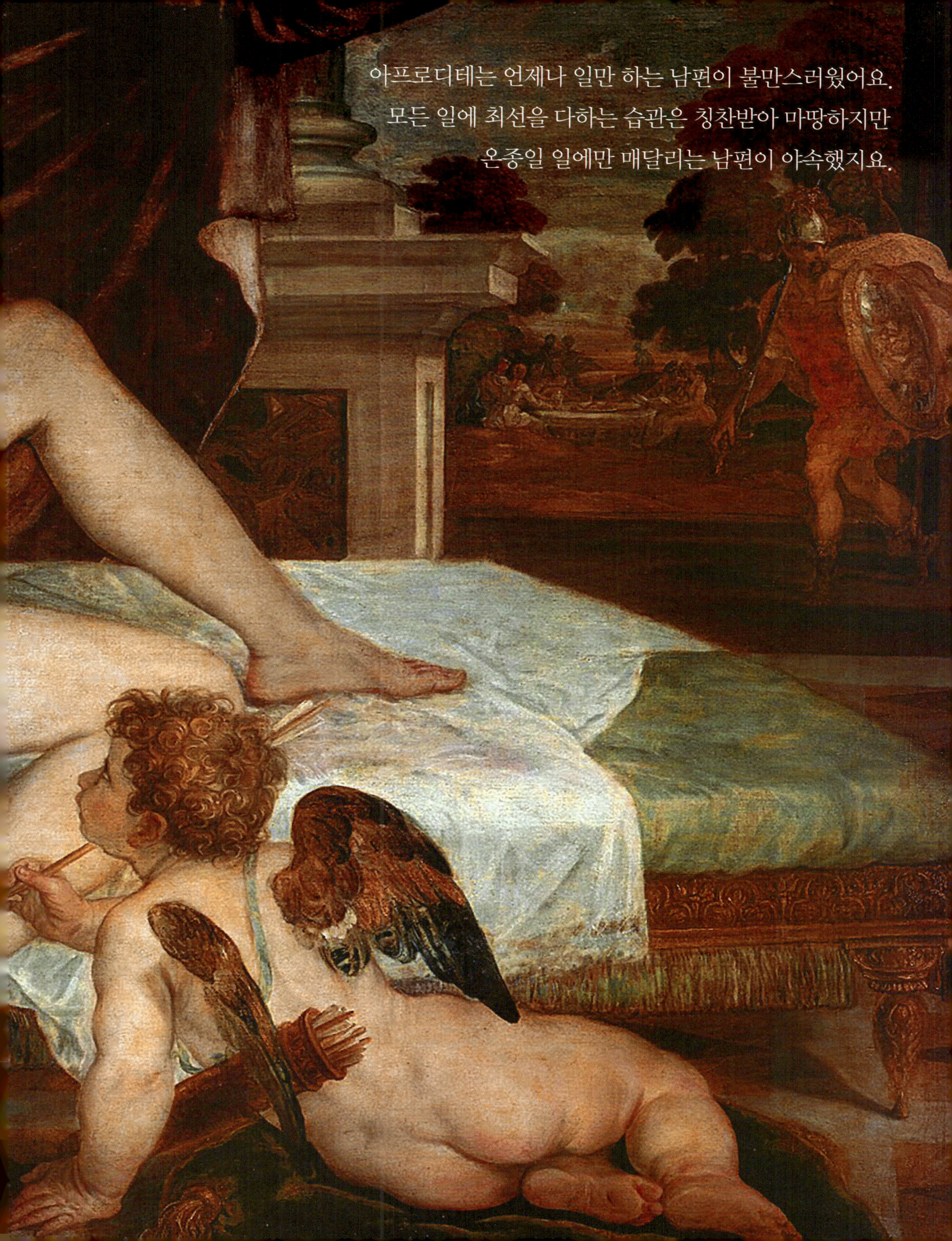

아프로디테는 언제나 일만 하는 남편이 불만스러웠어요. 모든 일에 최선을 다하는 습관은 칭찬받아 마땅하지만 온종일 일에만 매달리는 남편이 야속했지요.

아프로디테에게 새로운 사랑이 찾아왔어요.
자신도 모르는 사이에 전쟁의 신 아레스를 좋아하게 되었지요.
모두가 아레스를 사납고 잔인하다며 멀리했지만
아프로디테는 아레스의 멋진 모습에 푹 빠지고 말았지요.

산드로 보티첼리가 그린 〈아프로디테와 아레스〉 1485년

아프로디테와의 사랑으로 마음의 안정을 찾은 아레스는
싸우고 싶은 욕망이 조금씩 엷어졌어요.
그래서 아프로디테와 아레스는 평범한 연인들처럼
사랑을 속삭이며 행복한 시간을 누릴 수 있었지요.

안드레아 만테냐가 그린 〈파르나소스의 아프로디테와 아레스〉 1497년

모든 이의 이상향이자 성스러운 파르나소스산에서
아프로디테와 아레스가 사랑을 속삭일 때면
예술의 창조자인 아홉 뮤즈가 춤을 추며 축복해 주었어요.

미남으로 소문난 사냥꾼 아도니스도
아프로디테와 사랑을 나누었어요.
늘 사냥을 나가고 싶어 하는 아도니스를
아프로디테는 붙잡고 말렸지요.
그러던 어느 날,
아프로디테가 자리를 비운 사이에
아도니스는 사냥을 떠났어요.
결국 아도니스는
멧돼지에게 받혀 죽고 말았지요.

베첼리오 티치아노가 그린 〈아프로디테와 아도니스〉 1554년

미와 사랑의 여신 아프로디테는
여러 신과 사랑을 나누었지만
인간을 사랑하기도 했어요.
트로이의 왕자 안키세스와 사랑에 빠져
훗날 로마인의 시조로 추앙받게 되는
아이네이아스를 낳기까지 했어요.
그 신화대로라면 아프로디테는
모든 로마인의 첫 번째 할머니인 셈이지요.

벤저민 헤이든이 그린 〈아프로디테와 안키세스〉 1826년

로마인들은 힘과 전쟁을 중요하게 생각했어요.
그러면서도 아름다움과 사랑을 함께 즐겼지요.
그래서 로마 사람들이 가장 좋아하는 신으로
아름다운 외모를 가지고 끝없이 사랑에 빠지는
아프로디테를 꼽았는지도 몰라요.

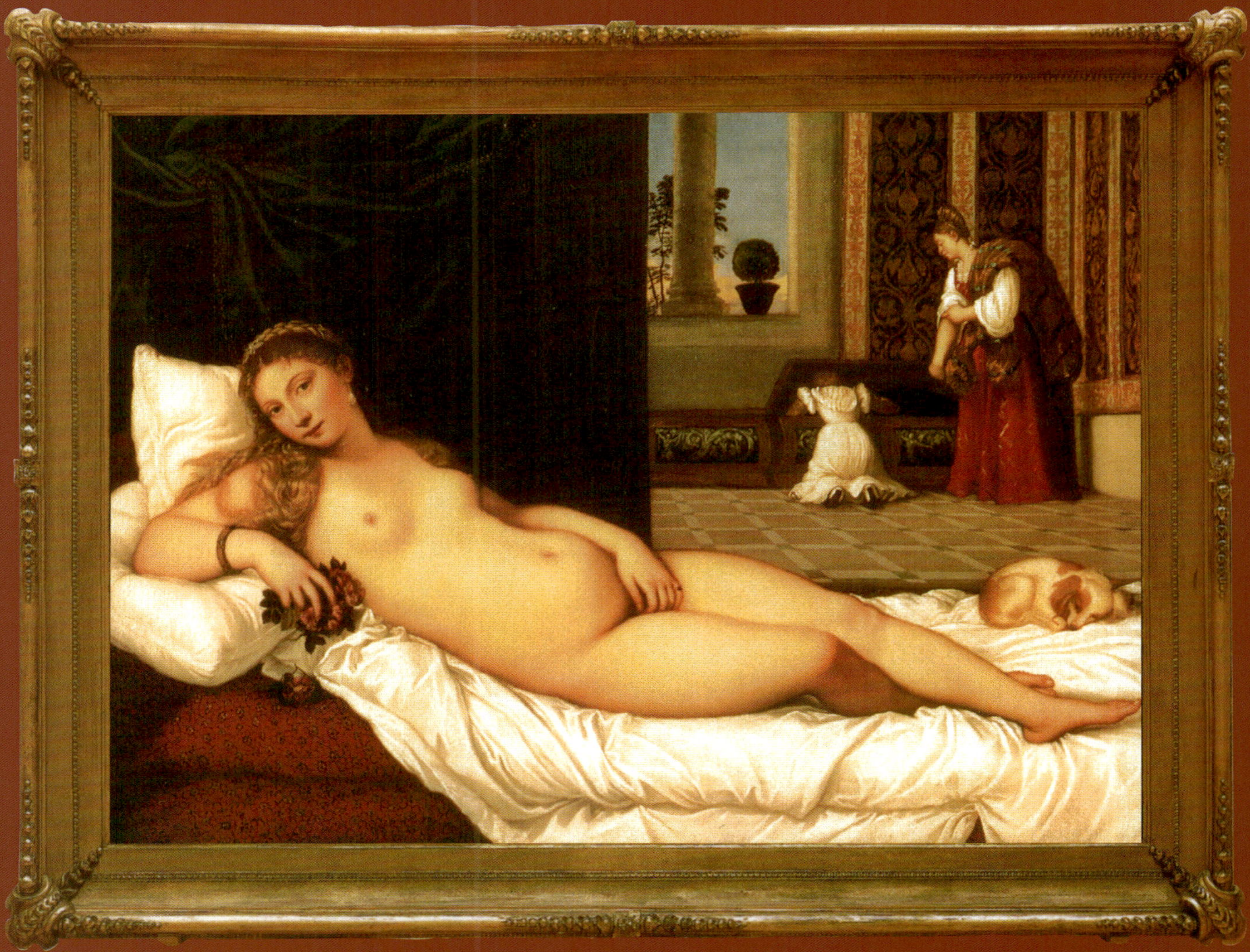

베첼리오 티치아노가 그린 〈우르비노의 아프로디테〉 1534년